평범한 우리 어린이들을 다음 세대
위인으로 만들어 줄 교과서 위인 이야기!
효리원의 교과서 위인 이야기는 초등학교
교과 과정에 나오는 국내외 위인들을, 우리나라
최고 아동 문학가 53인이 재미있게 동화로 구성했습니다.
지혜와 용기로 위대한 삶을 산 위인들의 이야기는,
어린이들의 마음속에 '나도 할 수 있다.'는
희망의 씨앗을 심어 줄 것입니다!

일러두기

1. 띄어쓰기와 맞춤법 : 초등학교 국어 교과서와 국립국어원의 『표준국어대사전』을 기준으로 하였습니다.

2. 외래어 지명과 인명 : 국립국어원의 『외래어 표기 용례집』을 기준으로 하였습니다.

3. 이해가 어려운 단어 : ( ) 안에 뜻풀이를 하였습니다.

4. 작가 연보 : 연도와 함께 나이를 표기하고, 업적을 간략히 소개하였습니다. 우리나라 위인은 태어난 해를 한 살로 하였고, 외국 위인은 만 나이를 한 살로 하였습니다. 정확한 자료가 없는 위인은 연도와 업적만을 나타냈습니다.

5. 내용 구성 : 위인의 삶은 역사적 자료를 바탕으로 최대한 사실적으로 구성하였습니다. 그러나 읽는 재미를 위해 대화 글이나 배경 묘사, 인물의 감정 표현 등에 작가의 상상력을 가미하였습니다.

6. 그림 구성 : 문헌을 바탕으로 위인이 살던 시대를 충실히 나타내도록 하되 복식의 색상이나 장식, 소품, 건물 등은 작가의 상상으로 그렸습니다.

7. 내용 감수 : 각 분야의 전문가들로 구성된 편집 위원들이 꼼꼼히 감수를 하였습니다.

편집 위원

김용만(우리역사문화연구소장)
교과서에서 만나는 위인들을 중심으로 일화와 함께 그림과 사진을 곁들여 지루하지 않게 읽을 수 있습니다. 술술 읽다 보면 학교 공부에도 많은 도움이 될 것입니다.

신현득(동시인, 전 새싹회 회장)
우리가 자주 듣고 접하는 역사 속 실존 인물들이 자신의 꿈을 이루기 위해 어떻게 노력했는지 깨달아 가면서 우리 어린이들은 한층 더 성숙해질 것입니다.

윤재운(동북아역사재단 연구 위원)
위인전을 읽으면서 어린이들은 시대를 넘어 간접 체험을 할 수 있습니다. 어떻게 살아야 하는지 인생에 대한 동기 부여와 함께 삶이 보다 풍요로워질 것입니다.

이은경(철학 박사, 전북과학대 유아교육학과 교수)
한 사람의 인격과 품성은 어릴 때 형성됩니다. 따라서 초등학교 저학년 때

어떤 책을 읽느냐에 따라 생각의 크기가 달라집니다. 어린이의 미래를 위해 이 책은 꼭 읽어야 합니다.

이창열(하버드 대학교 물리학 박사, 전 국가과학기술자문회의 전문 위원)
세상을 바꾼 위대한 인물의 이야기는 어린이의 인성 및 감성 발달에 큰 영향을 미칠 뿐 아니라 실험 정신과 개척 정신을 길러 줍니다. 용기와 지혜로 세상을 헤쳐 나가는 당당한 어린이를 꿈꾼다면 이 책은 꼭 한번 읽어 보아야 합니다.

정재도(한글학자)
위인으로 일컬어지는 이들은 어떤 생각을 하고, 어떤 삶을 살았을까요? 그들의 흔적을 담은 위인전은 복잡한 현대를 이끌어 갈 우리 어린이들에게 나침반과 같은 역할을 할 것입니다.

조수철(서울대학교 의과대학 소아정신과 교수)
위인전은 시대와 신분, 업적이 다른 위인들의 삶이 다양하고 흥미롭게 구성되어 있어 손쉽게 여러 삶의 모습을 만날 수 있습니다. 용기 있게 고난을 헤쳐 나간 위인의 이야기를 통해 삶의 지혜를 배울 수 있을 것입니다.

민족의 자존심을 일깨워 준
지도자이자 실천가

안 창 호

이준관 글 / 백금림 그림

효리원
hyoreewon.com

어린 시절에 읽은 한 권의 책은 아이들에게 매우 큰 영향을 줍니다. 특히 위대한 인물의 업적과 일화를 다룬 위인전은 아이들의 성장에 중요한 역할을 합니다. 어릴 때 받은 감동은 나이가 들어서까지 마음 깊이 남아 삶의 지침이 되기 때문입니다.

도산 안창호 선생님은 빼앗긴 나라를 되찾기 위해 평생을 바친 독립운동가입니다. 그뿐만이 아닙니다. 흥사단을 만들어 청년 교육과 인격 혁명에도 힘쓴 우리 민족의 스승이기도 합니다.

또한 안창호 선생님은 말로만 가르친 것이 아니라 항상 몸소 실천함으로써 사람들에게 살아 있는 교훈을 주신 분입니다.

어린이들에게 이 책을 읽힐 때는 이렇게 여러모로 훌륭한 자취를 남긴 안창호 선생님의 업적과 재미있는 일화를 통해 그분의 훌륭한 점들을 배우도록 해야 합니다.

그러려면 먼저 안창호 선생님의 행동과 어린이 자신의 행동을 비교해 보도록 해야 합니다.

"네가 만일 안창호 선생님이라면 어떻게 하겠니?"

이러한 질문을 통해 안창호 선생님의 행동과 어린이 자신의 행동을 자연스럽게 비교해 보도록 지도해 주십시오. 그리고 안창호 선생님의 행동은 어떤 점이 훌륭한지, 자신의 행동 가운데 잘못된 점은 무엇인지 생각해 보도록 이끌어 주십시오.

위인들을 훌륭한 분이라고 일컫는 이유는 그분들이 남긴 업적 때문이기도 하지만, 그분들의 정신과 인격 또한 뛰어났기 때문입니다. 안창호 선생님도 뛰어난 정신과 훌륭한 인격을 갖춘 분이었습니다. '나를 사랑하고 남을 사랑하자.'는 그분의 가르침을 따르고, 조국과 민족을 위해 자신을 희생한 애국심을 본받는 어린이들이 많아진다면 이 나라의 앞날은 더없이 밝아질 것입니다. 어린이들이 이 책을 읽으면서 그분의 훌륭한 정신과 인격이 잘 드러나 있는 일화를 통하여 배우고 자신의 생활 속에서 실천할 수 있도록 지도해 주시기 바랍니다.

머리말

우리나라는 안타깝게도 일본에 35년 동안 나라를 빼앗긴 적이 있습니다. 많은 독립운동가들이 빼앗긴 나라를 되찾기 위해 목숨을 바쳐 독립운동을 했습니다.

안창호 선생님도 '나는 밥을 먹어도 대한의 독립을 위해 했고, 잠을 자도 대한의 독립을 위해 했소.'라는 말씀처럼 일생 동안 독립운동을 하신 분입니다.

또한 안창호 선생님은 우리 민족을 올바른 길로 이끌기 위해 신민회와 흥사단을 만드는 등 많은 일을 하셨습니다.

그리고 늘 우리나라가 강한 나라가 되어 일본의 지배에서 벗어나기를 바라셨습니다.

이 책을 읽고 많이 느끼고 많이 깨닫기 바랍니다. 그리하여 여러분도 안창호 선생님의 가르침과 나라 사랑하는 마음을 배워 훌륭한 사람이 되기를 바랍니다.

글쓴이 이 준 관

차 례

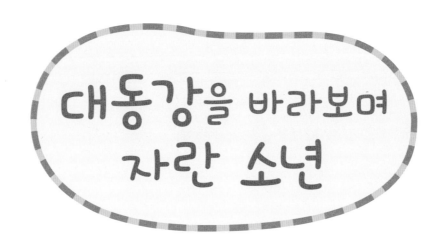

대동강을 바라보며 자란 소년

길가에 풀꽃이 예쁘게 피어 있습니다.

꽃 가꾸기를 좋아하는 소년은 풀꽃을 가만히 만져 봅니다.

그리고 랄랄라 콧노래를 부르며 뛰어갑니다.

"어, 이게 무슨 냄새야?"

소년은 코를 흠흠거리며 멈추어 섰습니다.

"호홋, 이건 내가 좋아하는 참외 냄새인걸?"

참외 냄새가 바람에 솔솔 풍겨 왔습니다. 소년은 침을 꼴깍 삼켰습니다. 참외가 먹고 싶어서 견딜 수가 없었습니다.

"옳지! 그렇게 하면 되겠다."

소년은 마치 누군가에게 쫓기는 것처럼 후닥닥 참외밭으로 뛰어 들어갔습니다.

그것을 보고 참외밭 주인이 소리쳤습니다.

"웬 녀석이냐? 오, 이제 보니 너 노내미네 집 셋째구나."

"네, 맞아요. 저 좀 참외밭에 숨어 있게 해 주세요."

"숨어 있게 해 달라고?"

"네, 할아버지가 저를 혼내려고 쫓아오고 있어요."

"하하! 고 녀석 참……. 그러니까 인석아, 할아버지 말씀을 잘 들어야지."

인정 많은 원두막 주인은 소년을 참외밭에 숨어 있게 해 주었습니다. 소년은 참외밭에 주저앉아 먹고 싶어 하던 참외를 배불리 먹었습니다.

이렇게 때로는 재미있는 꾀를 써서 장난도 곧잘 했던 명랑한 소년, 이 소년이 바로 안창호입니다.

안창호는 1878년 평안남도 강서군의 도롱섬이라는 곳에서 태어났습니다. 이 아름다운 마을에서 안창호는 대동강을 바라보며 꿈을 키웠습니다.

안창호가 어렸을 때는 힘이 강한 나라들이 우리나라를 서로 차지하려고 다투던 때였습니다. 안창호가 열일곱 살 되던 해

였습니다. 청나라와 일본이 우리나라를 차지하기 위해 전쟁
을 일으켰습니다.

  소년의 마을 평양은 청나라와 일본 군인이 쏘아 대는 총소

도산 안창호 동상

리로 요란했습니다. 많은 사람들이 청나라와 일본이 쏘는 총에 맞아 피를 흘리며 쓰러졌습니다.

"아, 슬프다. 우리 민족이 이런 고통을 당해야 하다니!"

안창호는 주먹을 불끈 쥐었습니다.

"그렇다. 우리나라가 힘이 없어서 이런 일을 당하는 것이다. 힘을 기르려면 공부를 해야 해."

안창호는 즉시 짐을 꾸려 서울로 갔습니다. 그러고는 기독교 선교사(외국에 나가 기독교를 알리는 일을 하는 사람)가 운영하는 구세학당에 들어가 신학문을 배웠습니다.

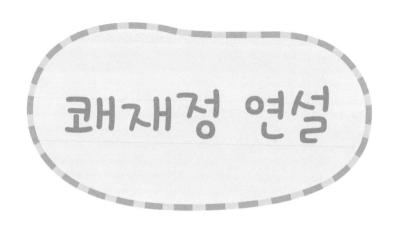

쾌재정 연설

　　안창호가 구세학당을 졸업할 무렵 나라의 형편은 더욱 어려워졌습니다. 나라를 걱정하는 사람들이 모여 독립 협회(우리나라 최초의 사회·정치 단체)를 만들었습니다.

　　이 소식을 들은 안창호는 친구 필대은에게 말했습니다.

　　"독립 협회에 들어가서 나라를 위해 일하세."

　　안창호의 말에 필대은은 조금도 망설이지 않고 대답했습니다.

　　"그러세. 우리나라의 자주 독립을 위해 함께 일하세."

안창호와 친구 필대은은 굳게 손을 마주 잡았습니다.

두 사람은 독립 협회 관서 지부를 만들고, 평양 재정이라는 곳에서 만민 공동회를 열었습니다. 이 모임은 고종 황제의 생일을 축하하기 위한 모임이었습니다.

평양에 사는 많은 백성들이 모였습니다. 백성뿐 아니라 평양을 다스리는 평안도 관찰사(평안도를 다스리는 관리)도 참석했습니다.

수많은 사람 앞에서 안창호는 힘차게 입을 열었습니다.

"여러분, 평양 시민들이 한자리에 모여 황제의 생일을 축하하는 오늘은 참으로 기쁜 날입니다."

안창호의 말에 사람들은 조용히 귀를 기울였습니다.

"그러나 여러분, 지금 제 마음은 매우 슬픕니다. 힘이 강한 나라들이 우리나라를 서로 차지하려고 잔뜩 노리고 있습니다. 그런데도 벼슬아치들은 나랏일은 제대로 하지 않고 자기 이익만 챙기고 있습니다."

"옳소, 옳소!"

여기저기서 우레와 같은 박수 소리가 터져 나왔습니다.

안창호는 주먹을 불끈 쥐며 말했습니다.

"강한 나라로부터 우리나라를 지키려면 힘을 길러야 합니다. 우리 모두 한마음이 되어 나라의 힘을 기릅시다!"

"옳소. 나라의 힘을 기릅시다!"

자리에 모인 사람들 모두 힘차게 박수를 쳤습니다.

"안창호라는 젊은이, 참 똑똑한 젊은이야."

"암, 그렇고말고. 앞으로 큰일을 할 인물이야."

그날 만민 공동회에 모인 사람들은 너도나도 안창호를 칭찬했습니다. 쾌재정에서의 연설로 안창호의 이름은 널리 알려지게 되었습니다.

그러나 안타깝게도 독립 협회는 없어지고 말았습니다.

안창호는 다시 고향으로 내려갔습니다.

"나라의 힘을 기르려면 학교를 세워야 해. 학교를 세워서 나라를 위해 일할 참된 일꾼을 기르자."

안창호는 고향인 강서에 우리나라 최초의 남녀 공학인 점진 학교를 세웠습니다. 그는 학생들이 배울 책도 만들고, 교가도 손수 지어 학생들을 열심히 가르쳤습니다.

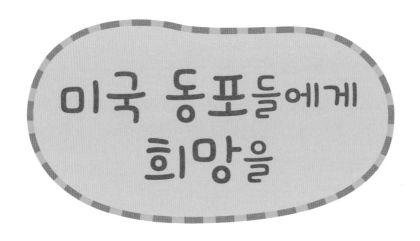

미국 동포들에게 희망을

점진학교에서 학생들을 가르치던 안창호는 미국에 유학 가서 더 많이 공부해야겠다고 마음먹었습니다.

미국까지는 태평양을 건너는 길고 지루한 여행이었습니다. 힘든 여행에 지친 어느 날이었습니다. 멀리 우뚝 솟은 산봉우리가 보였습니다.

"야, 섬이다! 섬에 있는 산봉우리가 보인다!"

사람들은 모두 기뻐서 외쳤습니다.

이때 안창호는 이런 생각을 했습니다.

"그래, 맞아. 저 섬의 산봉우리처럼 나도 힘들고 지친 사람들에게 희망과 기쁨을 주는 사람이 되자."

그래서 안창호는 자신의 호를 도산('섬의 산봉우리'라는 뜻)이라고 지었습니다.

안창호가 미국에 도착한 지 얼마 안 되어서였습니다.

길을 가는데, 많은 사람들이 빙 둘러서서 무언가를 구경하는 것이 보였습니다.

'무슨 일일까?'

안창호는 구경꾼 사이로 들여다보았습니다. 한국 사람 둘이 서로 상투를 잡고 싸우고 있었습니다.

"그만 싸우시오. 외국인들 보는 앞에서 창피하지도 않소?"

그러자 한 사람이 씩씩거리며 말했습니다.

"저 사람이 내 구역에 와서 장사를 했단 말이오."

"아니오, 저 사람이 내 구역에 와서 장사를 했소!"

이곳에서 인삼을 파는 동포들이 서로 장사 구역을 침범했다고 우기며 싸우는 것이었습니다.

안창호는 동포들의 행동이 부끄러웠습니다.

그는 어떻게 하면 외국인들에게 부끄럽지 않은 모습을 보여 줄 수 있을지 골똘히 생각했습니다.

'우리 동포들이 어떻게 살고 있는지부터 알아보자.'

안창호는 공부가 끝나자 동포들의 집을 찾아갔습니다.

"윽! 이게 무슨 냄새람?"

동포들이 사는 집에 들어선 안창호는 코를 싸쥐었습니다. 쓰레기들이 아무 데나 버려져 있어 집에서 고약한 냄새가 났습니다.

'미국 사람들은 이렇게 더럽고 지저분한 집에서 사는 한국 사람을 얼마나 업신여길까? 우리 민족을, 독립할 자격도 없는 미개한 민족으로 생각하겠지.'

안창호는 굳은 결심을 했습니다.

'지금 내가 할 일은 공부가 아니다. 먼저 동포들의 생활부터 바꿔 놓아야겠다.'

안창호는 다니던 학교를 그만두고, 빗자루와 걸레를 들고

동포들이 사는 집을 찾아갔습니다. 구석구석 빗자루로 쓸고 걸레로 닦았습니다. 커튼도 만들어 달았습니다. 땅을 파서 꽃밭을 만들고 꽃도 심었습니다.

땀을 뻘뻘 흘리며 일하는 안창호를 보고 어떤 사람이 말했습니다.

"저도 함께 하겠습니다."

동포들이 하나둘 모여들어 안창호와 함께 다니며 집을 깨끗이 청소했습니다.

안창호는 동포들에게 말했습니다.

"몸과 마음을 깨끗이 하는 것이 나라를 위하는 일이오."

안창호의 말에 따라 동포들은 깨끗한 옷을 입고 다녔습니다. 달라진 한국인들의 모습을 보고, 한국 사람들에게 집을 빌려 준 미국인 집주인은 깜짝 놀랐습니다.

"당신들 나라에서 훌륭한 지도자가 왔나요?"

"그렇습니다. 안창호라는 멋진 분이 우리 지도자랍니다."

안창호를 만난 미국인 집주인이 말했습니다.

안창호의 일기장과 도장·도장 갑, 캘리포니아 오렌지 농장에서 일하던 때와 국민회 제1회 이사회 기념 사진

"당신 때문에 우리 집이 아주 깨끗해졌습니다. 그 보답으로 집세를 줄여 드리지요."

집주인은 집세뿐만 아니라 한국 사람들이 한자리에 모일 수 있도록 회관도 빌려 주었습니다.

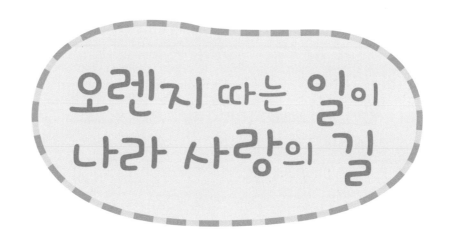

오렌지 따는 일이
나라 사랑의 길

　안창호는 동포들과 함께 일자리를 찾아 리버사이드라는 곳
으로 이사를 하게 되었습니다. 이사를 간다는 소식을 듣고 안
창호가 일했던 집의 미국인이 말했습니다.

　"선생이 떠나게 되어 서운합니다. 그동안 열심히 일해 주어
서 고마웠습니다. 그래서 무슨 소원이든 들어 드리고 싶은데,
소원이 무엇입니까?"

　"제 소원은, 제가 떠난 뒤에도 한국 사람들에게 일자리를 주
시는 것입니다."

안창호의 부탁으로 그 미국인 집에서는 계속 한국 사람이 일하게 되었습니다.

안창호는 리버사이드로 이사 와서도 미국인 집을 다니며 집안일을 해 주었습니다.

한번은 어느 집의 잔디 깎는 일을 하게 되었습니다. 안창호는 정성을 다해 잔디를 깎았습니다. 그것을 보고 안주인은 크게 감탄하여 말했습니다.

"당신처럼 성실하게 일하는 사람은 처음 보았습니다."

"당연히 해야 할 일을 했을 뿐입니다."

"당신은 어느 나라 사람입니까?"

"한국 사람입니다."

안창호는 자랑스럽게 대답했습니다.

"당신에게 일한 삯을 50센트로 올려 주겠습니다."

미국인 안주인은 한 시간에 35센트 주기로 했던 삯을 50센트로 올려 주었습니다.

오렌지 농장이 많은 리버사이드에는 일자리를 찾아 온 동포

들이 많았습니다. 안창호는 동포들이 서로 돕고 살아가
도록 하기 위해 '공립 협회'라는 단체를 만들었습니다.
'공립신보'라는 신문도 펴냈습니다.

　우리 동포들은 대개 오렌지 농장에서 오렌지 따는 일
을 했습니다. 안창호는 농장에서 일하는 동포들에게 늘
이렇게 말했습니다.

"여러분, 오렌지를 따는 일은 나라를 위하는 일입니다. 그러니 오렌지 하나를 따는 데에도 정성을 다해야 합니다."

동포들은 처음에는 이 말의 뜻을 이해하지 못했습니다. 그런데 그 말의 뜻을 깨닫게 한 일이 일어났습니다.

어느 날 그 미국인 부인이 한국인들을 교회로 초대했습니다. 먼저 목사님이 일어서서 말했습니다.

"한국인은 훌륭하오. 내가 은행에 알아보았더니 일해서 번 돈을 저축하는 한국 사람들이 많았습니다. 이것은 우리 미국 사람들도 본받아야 할 일이오."

이 말에 한국 사람들은 어깨가 으쓱해졌습니다.

이번에는 오렌지 농장 주인이 일어서서 말했습니다.

"우리는 이번에 많은 이익을 보았습니다. 모두 오렌지를 정성스럽게 따 준 한국 형제들 덕분입니다. 나는 한국인이 훌륭한 사람들이라는 것을 알게 되었습니다. 정성을 다해 일하라고 말한 안창호 선생에게 특히 고마움을 전합니다."

오렌지 농장 사장은 감사의 뜻으로 선물을 주었습니다. 그제야 동포들은 안창호가 오렌지를 따는 일이 나라를 위하는 일이라고 말한 이유를 깨달을 수 있었습니다.

힘을 기르자

안창호가 미국에서 동포들을 위해 열심히 일하던 무렵인 1905년, 일본은 강제로 을사조약을 맺어 우리나라 외교권을 빼앗아 갔습니다.

"나라가 위태롭다. 쓰러져 가는 나라를 구해야 해."

안창호는 공립 협회 대표로서 나라를 구하겠다는 마음에 조국으로 돌아왔습니다. 그는 전국 방방곡곡을 돌아다니며 연설을 했습니다. 가는 곳마다 안창호의 연설에 사람들은 뜨거운 박수를 보냈습니다.

안창호가 개성에서 연설할 때의 일이었습니다.

연설장 한구석에서 한국말을 잘 아는 일본인 경찰이 안창호의 연설 내용을 들으면서 무언가를 열심히 적었습니다.

"건방진 안창호! 이자를 잡아다가 혼내 줘야겠어."

일본 경찰은 연설 내용을 꼬투리 잡아 안창호를 혼내 줄 속셈이었습니다.

그런데 이게 웬일입니까? 그 일본 경찰의 눈에서 눈물이 비 오듯 흘렀습니다. 눈물이 흘러 연설 내용을 적어 놓은 노트를 적셨습니다. 안창호의 연설에 감동해서 흘리는 눈물이었습니다.

나라를 사랑하는 간절한 마음이 담긴 안창호의 연설은 이처럼 일본 경찰도 울게 만들었습니다.

전국을 다니며 연설을 하던 안창호는 어느 날 이런 생각을 했습니다.

'혼자 힘으로는 아무래도 큰일을 할 수 없어. 뜻이 맞는 사람들과 함께 단체를 만들어야겠구나.'

안창호는 비밀리에 '신민회'라는 단체를 만들었습니다.

'나라의 힘을 기르려면 학교를 세워 청년들을 가르쳐야 해. 그리고 회사도 세워 경제적으로 부강한 나라를 만들자.'

이렇게 생각한 안창호는 대성 학교를 세우고, 도자기 만드는 회사도 만들었습니다. 책을 펴내고 파는 '태극서관'이라는 출판사도 차렸습니다.

안창호는 대성 학교 교장 대리로서 학생들을 가르쳤습니다.

한번은 학교 담을 쌓기 위해 학생들에게 돌을 가져오게 했습니다. 그런데 공부를 잘하는 한 학생이 돌을 가져오지 않았습니다.

서북 학회 건물 | 1908년 1월, 문화 계몽 운동을 위해 조직된 애국 단체 '서북 학회'가 사용하던 건물. 서북 학회는 안창호, 이갑, 이동휘, 박은식 등이 중심이 되어 조직했습니다.

"선생님, 깜빡 잊고 가져오지 않았습니다."

"변명하지 말게나. 약속을 지키지 않는 학생은 아무리 공부를 잘해도 나라의 참된 일꾼이 될 수 없네."

안창호는 그 학생에게 벌을 주었습니다.

안창호는 이처럼 학생들에게 약속의 중요성을 강조하는 교육을 했습니다.

이 무렵 안창호는 이토 히로부미를 만났습니다. 이토 히로부미는 우리나라를 빼앗는 데 앞장선 못된 자였는데, 안창호를 꾀어 자기 편으로 만들려고 했습니다.

"나는 한국의 발전을 위해 일하고 싶소. 어떻소, 나와 손잡고 함께 일해 볼 생각은 없소?"

"우리나라의 발전을 위해 일하고 싶다니 참으로 고맙소. 당신이 한국을 돕는 가장 좋은 방법이 무엇인지 아시오?"

"그게 뭐요?"

"바로 일본이 우리나라 일에 간섭하지 않는 것이오. 일본이 우리나라를 침략하지 않는 것, 그것이 바로 한국의 발전을 돕는 일이오. 알겠소?"

이 말에 이토 히로부미는 아무런 대꾸도 하지 못하고 얼굴을 붉혔습니다.

나라가 점점 기울어 가자 안창호는 자신이 해야 할 일을 찾아 다시 우리나라를 떠났습니다.

안창호는 러시아 땅 옌하이저우(연해주)에서 마침내 일본에 나라를 빼앗겼다는 슬픈 소식을 들었습니다.

"아, 가슴이 아프구나! 난 반드시 조국을 밝히는 빛이 되리라."

안창호는 입술을 질끈 깨물었습니다.

흥사단의
깃발

다시 미국으로 돌아온 안창호는 대한인국민회 회장으로 뽑혔습니다. 회장이 된 안창호는 동포들 앞에서 이렇게 연설했습니다.

"여러분, 한국인 가게에서는 안심하고 물건을 살 수 있게 합시다. 한국인 노동자에게는 안심하고 일을 맡길 수 있게 합시다. 그리고 한국인은 약속을 반드시 지킨다는 것을 보여 줍시다. 그러면 우리는 신용을 얻어 돈도 벌 수 있고 생활도 나아질 겁니다."

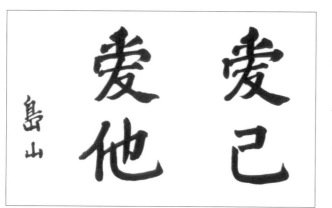

안창호 글씨 | '애기애타'. 나를 사랑하고 남을 사랑하자는 뜻을 담은 안창호의 친필 글씨입니다.

안창호의 말에 따라 장사하는 동포들은 물건 값을 속이지 않았습니다.

"나는 한국인 가게에 가서 물건을 사겠어. 다른 가게는 이제 가기 싫어."

"그래, 맞아. 한국인이 파는 가게의 물건은 질이 좋고 값도 싸거든. 무엇보다도 한국인 가게는 손님을 속이지 않아서 마음에 들어."

한국인들이 하는 가게는 항상 손님으로 붐볐습니다.

이렇게 우리 동포들이 신용과 약속을 잘 지키자 미국인들은 차츰 한국 사람을 믿게 되었습니다. 그래서 우리 동포들을 한 나라의 국민으로 대우해 주었습니다. 우리 동포가 사는 지역에는 태극기와 애국가가 사용되고, 우리글을 가르치는 학교도 생겨났습니다. 이는 모두 안창호 덕분이었습니다. 그래서

안창호의 이름은 미국에 널리 알려지게 되었습니다.

안창호는 미국 각 지방을 다니며 동포들을 지도하고 가르쳤습니다. 그런데 그는 가난해서 항상 여행비가 부족했습니다. 어느 날 안창호가 기차를 타려고 정거장에 나갔을 때였습니다. 동행하던 사람이 안창호에게 말했습니다.

"선생님, 아무래도 여행비가 모자랄 것 같아서 한국인 목사님 신분증을 빌려 왔습니다. 잠깐만 목사님처럼 행동하십시오. 그러면 기찻삯을 조금만 내도 됩니다."

목사님에게는 기찻삯을 깎아 준다는 사실을 알고 목사 신분증을 빌려 온 것이었습니다.

그러나 안창호는 단호하게 말했습니다.

"그건 절대 안 될 말이오. 거짓말을 해서 속이면 나도 신용이 떨어지고, 목사님도 신용이 떨어지게 돼요. 며칠 더 기다려서 돈을 마련해 떠납시다."

안창호는 기어이 며칠 더 기다렸다가 모자란 돈이 채워진 후에야 여행을 떠났습니다.

안창호는 나라의 독립을 위해 일하느라 가족과 많은 시간을 함께 보내지 못했지만, 미국에 있는 동안만큼은 아이들을 무척이나 아껴 주었습니다.

큰아들 필립은 영화를 좋아해서 영화배우가 될 꿈에 부풀어 있었습니다. 그러자 안창호의 친구들이 반대를 했습니다.

"애국지사의 아들이 영화배우가 된다는 것은 안 될 말이오. 그건 아버지의 이름을 더럽히는 일이오."

그 당시는 영화배우라는 직업을 좋지 않게 여기던 때라서 안창호의 주변에서는 반대가 심했습니다.

필립은 이 소식을 듣고 몹시 괴로웠습니다.

어느 날 안창호는 조용히 필립을 불렀습니다.

"필립아, 넌 왜 영화배우가 되려고 하니?"

"제가 좋아하고 적성에도 맞기 때문입니다."

"난 네가 영화배우가 되는 것을 반대하지 않겠다. 무슨 일이든 자기 적성에 맞는 일을 해야지 행복한 법이니까."

안창호는 필립이 영화배우가 되는 것을 허락하고, 자기 일

에 정성을 다하라고 격려해 주었습니다.

필립은 늘 아버지의 가르침을 잊지 않고 열심히 노력했습니다. 그리고 영화배우로 성공하여 많은 사람들의 존경을 받았습니다.

안창호는 청년들을 바른길로 이끌기 위해 청년들의 인격을 수양하는 모임인 '흥사단'을 만들었습니다.

『흥사단』 | 안창호가 민족 운동 단체 흥사단을 창립하고, 흥사단의 이념과 목표를 정리해 미국에서 펴낸 책입니다.

"올바른 인격을 기르려면 거짓말을 하지 말고 참된 마음을 가져야 합니다. 겉치레보다는 행동으로 실천해야 합니다. 그리고 어떤 경우에도 절망해서는 안 됩니다."

안창호는 흥사단을 통해 나라를 위해 일할 훌륭한 청년들을 많이 길러 냈습니다.

대한민국
임시 정부

1919년 3 · 1운동이 일어났다는 소식을 들은 안창호는 미국을 떠나 중국 상하이로 갔습니다.

상하이에 도착한 안창호는 동포들에게 말했습니다.

"여러분, 지금은 나라의 독립을 되찾기 위해 한마음 한 뜻으로 일할 때입니다. 나는 여러분의 머리가 되려고 온 것이 아닙니다. 여러분을 섬기려고 왔습니다."

사람들은 안창호에게 대한민국 임시 정부 국무총리 대리(남의 일을 대신 처리하는 사람) 자리를 맡아 달라고 부탁했습니다.

"아니오. 나보다 훌륭한 지도자가 와서 맡아야 하오. 나는 그분 뒤에서 봉사하고 싶소."

안창호는 국무총리 대리라는 높은 자리에 앉으려고 하지 않았습니다.

"선생님처럼 훌륭한 분이 맡으셔야 합니다."

"그렇다면 좋소. 나보다 더 훌륭한 분이 오시면 그분에게 자리를 물려주겠소."

안창호는 독립운동가들이 상하이에 모이자 약속대로 국무총리 대리 자리를 내놓고, 노동국 총판이라는 낮은 자리에 앉았습니다. 안창호는 낮은 자리에서 대한민국 임시 정부를 위해 일했습니다.

안창호는 가난하게 살면서도 어려운 동지들을 남몰래 도와주었습니다.

윤현진 동지가 아파 입원했을 때의 일이었습니다.

"큰일이군. 동지들이 독립운동을 하느라 제대로 먹지 못해서 병으로 쓰러지기만 하니……."

안창호는 병원으로 달려갔습니다.

"윤 동지, 어서 일어나시오."

"도산, 와 주어서 고맙소."

윤현진은 파리한 손으로 안창호의
손을 잡았습니다.

그런데 윤현진은 치료비가 없어서

병원에서 쫓겨날 딱한 처지였습니다. 안창호는 자신의 물건 가운데 가장 값이 나가는 것을 팔아 치료비를 마련해 주었습니다.

안창호가 앞장서서 만든 대한민국 임시 정부는 동지들이 서로 뜻이 맞지 않아서 점점 약해졌습니다.

안창호는 다른 계획을 세웠습니다.

"한국인들이 모여 사는 이상적이고 모범적인 마을을 만들자. 그곳에서 농사도 짓고 학교도 세워 청년들을 가르쳐 독립을 준비하자."

안창호는 다시 미국으로 갔습니다. 그곳에서 한국 마을을 세우기 위한 자금을 모아 중국으로 돌아왔습니다.

그러나 만주에 한국 마을을 만들려는 그의 꿈은 끝내 이루어지지 않았습니다. 일본이 만주를 침략한 데다가 안창호 또한 경찰에게 붙들려 한국으로 끌려갔기 때문입니다.

독립이 찾아올
날을 믿으며

안창호는 소년들을 무척 좋아했습니다.

그런 안창호에게 어느 날 한 소년이 부탁을 해 왔습니다.

"선생님, 소년단 행사에 쓸 돈을 도와주세요."

"암, 도와주고말고. 얼마를 도와주면 되겠니?"

"2원이요."

"그런데 이를 어쩌나. 지금 당장은 돈이 없구나. 4월 29일
에 가져다주어도 되겠니?"

"예."

"그럼, 그날 너희 집에 찾아가서 주마."

"예, 고맙습니다."

소년은 허리를 굽혀 인사를 했습니다.

소년과 약속한 날이 되자 안창호는 소년의 집을 찾아갔습니다. 그런데 그날은 상하이의 훙커우 공원에서 윤봉길 의사의 의거가 일어난 날이었습니다. 안창호는 그런 줄도 모르고 거리로 나선 것이었습니다.

"꼼짝 마!"

경찰이 순식간에 안창호를 에워쌌습니다.

일본 경찰에 붙잡혀 우리나라에 돌아온 안창호는 4년 동안이나 감옥에 갇혀 있었습니다.

감옥에서 나오는 날, 일본 경찰이 안창호에게 물었습니다.

"너는 앞으로 또 독립운동을 할 생각이냐?"

"그렇다. 나는 밥을 먹어도 대한의 독립을 위해서 했고, 잠을 자도 대한의 독립을 위해서 했다. 내게 목숨이 붙어 있는 한 나는 독립운동을 할 것이다."

도산 안창호 흉상

감옥에서 나온 후 안창호는 송태 산장이라는 곳에서 조용히 지내고 있었습니다. 그렇지만 일본이 안창호를 가만 둘 리 없었습니다. 그들은 동우회 사건을 꾸며 안창호를 다시 붙잡아 갔습니다.

흥사단 동지들과 함께 일본 경찰에게 체포된 안창호는 감옥에서 말로 표현할 수 없는 고통을 당했습니다.

병으로 인해 보석(보증금을 받거나 보증인을 세우고 한때 감옥에서 풀려나는 것)으로 풀려나 감옥에서 나왔을 때는 그의 얼굴을 알아보기도 힘들 정도였습니다.

그러나 안창호는 죽음 앞에서도 두려움이 없었습니다. 안창호는 그가 걱정되어 병문안을 온 사람에게 말했습니다.

"나는 죽음이 두렵지 않소. 다만 내 동포들이 괴로움을 당하는 게 마음 아플 뿐이오. 일본은 전쟁에서 반드시 질 것이오.

안창호가 남긴 말을 새긴 비

그러니 실망하지 말고 참고 기다리시오."

1938년 3월 10일 밤이었습니다. 안창호는 병원 복도가 쩌 렁쩌렁 울리도록 이렇게 외쳤습니다.

"목인아(일본 메이지 천황), 목인아. 네가 큰 죄를 지었구나!"

그리고 안창호는 조용히 눈을 감았습니다. 안창호의 나이 61세였습니다.

연 대	발 자 취
1878년(1세)	평안남도 강서군 초리면 칠리 도롱섬에서 태어나다.
1886년(9세)	한문 서당에서 공부하며 목동 일을 하다.
1894년(17세)	서울로 올라와 구세학당에서 새로운 학문을 배우다.
1898년(21세)	독립 협회 회원으로서 쾌재정에서 연설을 해 이름이 널리 알려지다.
1902년(25세)	미국으로 유학을 떠나다.
1905년(28세)	공립 협회를 만들어 동포들을 위해 일하다.
1907년(30세)	신민회를 만들고 평양에 대성 학교를 세우다.
1909년(32세)	안중근의 이토 히로부미 암살 사건에 연루된 혐의로 감금되었다가 미국으로 망명하다.
1913년(36세)	흥사단을 만들어 청년들을 가르치다.
1915년(38세)	대한인국민회 회장이 되어 일하다.
1919년(42세)	3 · 1운동이 일어나자 상하이에 가서 대한민국 임시 정부를 만들고 일하다.
1926년(49세)	모범적이고 이상적인 마을을 세우기 위해 만주에 가다.
1931년(54세)	만주사변이 일어나 한국 마을 세우는 것을 포기하다.
1932년(55세)	윤봉길 의사의 의거가 일어나 일본 경찰에 붙잡히다. 4년 형을 받고 서대문 감옥과 대전 감옥에 갇히다.
1935년(58세)	평안남도 송태 산장에서 지내다.
1937년(60세)	동우회 사건으로 흥사단 동지들과 함께 일본 경찰에 붙잡히다. 서대문 형무소에 갇혀 있다가 병 때문에 보석으로 풀려나다.
1938년(61세)	감옥에서 얻은 병이 원인이 되어 세상을 떠나다.
1962년	1962년 건국 훈장 대한민국장을 받다.

1. 서울로 올라온 안창호는 신학문을 배우기 위해 기독교 선교사가 운영하는 학교에 들어갑니다. 이 학교는 어디인가요?

2. 다음은 미국에 가기 위해 배를 타고 여행하던 도중 생긴 일입니다. 안창호는 이후에 자신의 호를 지었습니다. 안창호의 호는 무엇이며 어떤 뜻을 담고 있나요?

힘든 여행에 지친 어느 날이었습니다. 멀리 우뚝 솟은 산봉우리가 보였습니다.

"야, 섬이다! 섬에 있는 산봉우리가 보인다!"

사람들은 모두 기뻐서 외쳤습니다. 이때 안창호는 이런 생각을 했습니다.

"그래, 맞아. 저 섬의 산봉우리처럼 나도 힘들고 지친 사람들에게 희망과 기쁨을 주는 사람이 되자."

3. 1932년 4월 29일, 안창호는 한 소년과의 약속을 지키려고 길을 나섰다가 일본 경찰에 붙잡힙니다. 이날 상하이 훙커우 공원에서 역사적인 의거를 일으킨 인물은 누구인가요?

4. 다음은 미국에서 오렌지 따는 일을 하던 때에 안창호가 한 말입니다. 밑줄 친 말은 무슨 뜻일까요? 여러분의 생각을 표현해 보세요.

우리 동포들은 대개 오렌지 농장에서 오렌지 따는 일을 했습니다. 안창호는 농장에서 일하는 동포들에게 늘 이렇게 말했습니다.
 "여러분, 오렌지를 따는 일은 나라를 위하는 일입니다. 그러니 오렌지 하나를 따는 데에도 정성을 다해야 합니다."

_____

_____

_____

5. 안창호는 나라의 힘을 키우기 위해서는 학교를 세우고 회사를 만들어야 한다고 생각했습니다. 이 밖에도 살기 좋은 나라로 만들기 위해 필요한 것은 또 무엇일지 생각해 보세요.

_____

_____

_____

6. 다음은 안창호가 대성 학교에서 학생들을 가르칠 때의 일입니다. 안창호의 행동에 대해 어떻게 생각하나요? 과연 약속이 공부보다 중요할까요? 여러분의 생각을 써 보세요.

한번은 학교 담을 쌓기 위해 학생들에게 돌을 가져오게 했습니다. 그런데 공부를 잘하는 한 학생이 돌을 가져오지 않았습니다.

"선생님, 깜빡 잊고 가져오지 않았습니다."

"변명하지 말게나. 약속을 지키지 않는 학생은 아무리 공부를 잘해도 나라의 참된 일꾼이 될 수 없네."

안창호는 그 학생에게 벌을 주었습니다.

_____

_____

_____

7. 안창호가 감옥에서 나오던 날, 일본 경찰이 또 독립운동을 할 거냐고 묻습니다. 그러자 안창호는 목숨이 붙어 있는 한 독립운동을 할 거라고 대답합니다. 안창호의 이런 태도에서 어떤 점을 배울 수 있을까요?

_____

_____

_____

1. 구세학당.

2. 도산, 섬의 산봉우리라는 뜻.

3. 윤봉길 의사.

4. 예시 : 사람들은 행동을 보고 그 사람의 됨됨이를 짐작한다. 특히 외국에 나가면 내 행동이 곧 한국 국민의 행동이 된다. 이 때문에 더욱 조심스럽게 행동해야 한다. 안창호는 그런 사실을 알고서 오렌지 하나를 따도 정성을 다해야 한다고 말한 것이다. 그의 말처럼 한국 사람들이 열심히 일하자 미국인 주인은 한국 사람들이 훌륭한 민족이라고 생각했다.

5. 예시 : 잘사는 나라를 만들기 위해서는 여러 가지 복지 시설도 필요하다. 어린이와 노인을 돌봐 주고 아픈 사람을 무료로 치료해 주는 곳이 많을수록 편하게 살 수 있을 것이다. 사람들이 마음 놓고 살 수 있도록 도둑을 잡는 경찰도 많아져야 한다. 그러면 밤에도 불안해하지 않고 다닐 수 있을 것이다. 이 모든 것이 잘 어우러져야 진정으로 잘사는 나라라고 할 수 있을 것이다.

6. 예시 : 세상을 살아가려면 공부도 중요하다. 그렇지만 약속을 지키지 않는다면 열심히 공부한 것이 모두 물거품이 될 수도 있다. 아무리 열심히 공부해도 약속을 지키지 않고 제멋대로 행동하는 사람은 어디에서도 환영받지 못할 테니 말이다. 회사에서 직원을 뽑을 때도 성적이 좋은 사람을 뽑기는 하지만, 면접을 봐서 그 사람의 태도가 별로 좋지 않다면 합격시키지 않는다는 것만 봐도 이를 짐작할 수 있다.

7. 예시 : 옳다고 생각되면 자신의 뜻을 굽히지 않는 당당함을 배울 수 있다. 이는 용기가 없다면 할 수 없는 말이며 행동이다. 안창호 선생님의 이런 행동을 접하면서 나도 앞으로는 조금 힘들다고 포기하지 말고 끝까지 내가 하고자 하는 일을 해 나가야겠다는 각오가 생겼다.

역사 속에 숨은 위인을 만나 보세요!

최무선
(1328~1395)

황희
(1363~1452)

세종
대왕
(1397~1450)

장영실
(?~?)

신사임당
(1504~1551)

이이
(1536~1584)

허준
(1539~1615)

유성룡
(1542~1607)

한석봉
(1543~1605)

이순신
(1545~1598)

오성과
한음
(오성 1556~
1618 /
한음 1561~
1613)

광개토
태왕
(374~412)

을지문덕
(?~?)

연개
소문
(?~666)

김유신
(595~673)

대조영
(?~719)

장보고
(?~846)

왕건
(877~943)

강감찬
(948~1031)

고구려
살수
대첩
(612)

신라
삼국
통일
(676)

견훤
후백제
건국
(900)

궁예
후고구려
건국
(901)

고려
강화로
도읍
옮김
(1232)

개경
환도,
삼별초
대몽
항쟁
(1270)

문익점
원에서
목화씨
가져옴
(1363)

최무선
화약
만듦
(1377)

조선
건국
(1392)

허준
동의보감
완성
(1610)

병자
호란
(1636)

상평
통보
전국
유통
(1678)

고조선
건국
(B.C. 2333)

철기
문화
보급
(B.C.
300년경)

고조선
멸망
(B.C. 108)

고구려
불교
전래
(372)

신라
불교
공인
(527)

대조영
발해
건국
(698)

장보고
청해진
설치
(828)

왕건
고려
건국
(918)

귀주
대첩
(1019)

윤관
여진
정벌
(1107)

훈민
정음
창제
(1443)

임진
왜란
(1592~1598)

한산도
대첩
(1592)

B.C.	선사 시대 및 연맹 왕국 시대	A.D. 삼국 시대	698 남북국 시대	918 고려 시대	1392

2000	500	400	300	100	0	300	500	600	800	900	1000	1100	1200	1300	1400	1500	1600

B.C.	고대 사회	A.D. 375	중세 사회	1400

중국
황하
문명
시작
(B.C.
2500년경)

인도
석가모니
탄생
(B.C. 563년경)

알렉
산더
대왕
동방
원정
(B.C. 334)

크리
스트교
공인
(313)

게르만
민족
대이동
시작
(375)

로마
제국
동서로
분열
(395)

수나라
중국
통일
(589)

수 멸망
당나라
건국
(618)

이슬람교
창시
(610)

러시아
건국
(862)

거란
건국
(918)

송 태종
중국
통일
(979)

제1차
십자군
원정
(1096)

테무친
몽골
통일
칭기즈
칸이 됨
(1206)

원 제국
성립
(1271)

원 멸망
명 건국
(1368)

잔
다르크
영국군
격파
(1429)

구텐
베르크
금속
활자
발명
(1450)

코페르니
쿠스
지동설
주장
(1543)

도요토미
히데요시
일본
통일
(1590)

독일
30년
전쟁
(1618)

영국
청교도
혁명
(1642~164)

뉴턴
만유
인력의
법칙
발견
(1665)

석가모니
(B.C. 563?~
B.C. 483?)

예수
(B.C. 4?~
A.D. 30)

칭기즈 칸
(1162~1227)

정약용
(1762~1836)

김정호
(?~?)

주시경
(1876~1914)

김구
(1876~1949)

안창호
(1878~1938)

안중근
(1879~1910)

우장춘
(1898~1959)

방정환
(1899~1931)

유관순
(1902~1920)

윤봉길
(1908~1932)

이중섭
(1916~1956)

백남준
(1932~2006)

이태석
(1962~2010)

이승훈
천주교
전도
(1784)

최제우
동학
창시
(1860)

김정호
대동여
지도
제작
(1861)

강화도
조약
체결
(1876)

지석영
종두법
전래
(1879)

갑신
정변
(1884)

동학
농민
운동,
갑오
개혁
(1894)

대한
제국
성립
(1897)

을사
조약
(1905)

헤이그
특사
파견,
고종
퇴위
(1907)

한일
강제
합방
(1910)

3 · 1
운동
(1919)

어린이날
제정
(1922)

윤봉길 ·
이봉창
의거
(1932)

8 · 15
광복
(1945)

대한
민국
정부
수립
(1948)

6 · 25
전쟁
(1950~1953)

10 · 26
사태
(1979)

6 · 29
민주화
선언
(1987)

서울
올림픽
개최
(1988)

북한
김일성
사망
(1994)

의약
분업
실시
(2000)

조선 시대				1876 개화기		1897 대한 제국	1910 일제 강점기			1948 대한민국						
1700	1800	1850	1860	1870	1880	1890	1900	1910	1920	1930	1940	1950	1970	1980	1990	2000

근대 사회 | 1900 | 현대 사회

미국
독립
선언
(1776)

프랑스
대혁명
(1789)

청 · 영국
아편
전쟁
(1840~1842)

미국
남북
전쟁
(1861~1865)

베를린
회의
(1878)

청 ·
프랑스
전쟁
(1884~1885)

청 · 일
전쟁
(1894~1895)

헤이그
평화
회의
(1899)

영 · 일
동맹
(1902)

러 · 일
전쟁
(1904~1905)

제1차
세계
대전
(1914~1918)

러시아
혁명
(1917)

세계
경제
대공황
시작
(1929)

제2차
세계
대전
(1939~1945)

태평양
전쟁
(1941~1945)

국제
연합
성립
(1945)

소련
세계
최초
인공위성
발사
(1957)

제4차
중동
전쟁
(1973)

소련
아프가니
스탄
침공
(1979)

미국
우주
왕복선
콜럼비아
호 발사
(1981)

독일
통일
(1990)

유럽
11개국
단일
통화
유로화
채택
(1998)

미국
9 · 11
테러
(2001)

워싱턴
(1732~1799)

페스탈
로치
(1746~1827)

모차
르트
(1756~1791)

나폴
레옹
(1769~1821)

링컨
(1809~1865)

나이팅
게일
(1820~1910)

파브르
(1823~1915)

노벨
(1833~1896)

에디슨
(1847~1931)

가우디
(1852~1926)

라이트
형제
(형, 윌버
1867~1912 /
동생, 오빌
1871~1948)

마리
퀴리
(1867~1934)

간디
(1869~1948)

아문센
(1872~1928)

슈바이처
(1875~1965)

아인슈
타인
(1879~1955)

헬렌
켈러
(1880~1968)

테레사
(1910~1997)

만델라
(1918~2013)

마틴
루서 킹
(1929~1968)

스티븐
호킹
(1942~2018)

오프라
윈프리
(1954~)

스티브
잡스
(1955~2011)

빌
게이츠
(1955~)

2021년 7월 15일 2판 4쇄 **펴냄**
2014년 2월 25일 2판 1쇄 **펴냄**
2008년 7월 25일 1판 1쇄 **펴냄**

펴낸곳 (주)효리원
펴낸이 윤종근
글쓴이 이준관 · **그린이** 백금림
사진 제공 중앙포토
등록 1990년 12월 20일 · **번호** 2-1108
우편 번호 03147
주소 서울시 종로구 삼일대로 457, 1206호
대표 전화 02)3675-5222 · **편집부** 02)3675-5225
팩시밀리 02)765-5222

ⓒ 2008 · 2014, (주)효리원

ISBN 978-89-281-0329-4 64990

홈페이지 www.hyoreewon.com